거꾸로 가는 인생 시계

거꾸로 가는 인생 시계

초판 1쇄 인쇄 | 2025년 09월 30일
지은이 | 박도수
펴낸이 | 이재욱(필명:이승훈)
펴낸곳 | 해드림출판사
주　소 | 서울 영등포구 경인로82길 3-4(문래동1가 39)
　　　　센터플러스빌딩 1004호(07371)
전 화 | 02-2612-5552
팩 스 | 02-2688-5568
E-mail | jlee5059@hanmail.net

등록번호　제2013-000076
등록일자　2008년 9월 29일

ISBN　　979-11-5634-656-2

박도수 시집

거꾸로 가는 인생 시계

해드림출판사

작가의 말

시를 쓴다는 건
시간을 되짚는 일입니다.

예순다섯, 삶의 어느 길목에서
문득 멈춰 서 지나온 날들을 바라보았습니다.

처음 펜을 들던 떨림,
말하지 못한 마음을 종이 위에 옮기며
내 안을 몇 번이나 다시 들여다보았습니다.

오래된 시에
지금의 나를 겹쳐 놓다 보면 문득 눈가가 젖곤 했습니다.

삶은 고되고, 기억은 아프고,
시는 내 안의 나와 마주하는 일이었습니다.

이 시집은 어느 날의 고백이자,
시간 위에 눌러 앉은 풍경이며,
내 삶의 다정한 정리입니다.

이 글이 누군가에게
조용한 위로가 되길 소망합니다.

차례

작가의 말   04

1부 고요한 나로 머무는 시간

그들의 인생, 나의 기도	14
박家의 글로벌 혈통	16
우리 강아지, 누구 새끼야?	18
위대한 가치의 판단	20
엄마의 향기	22
오색빛깔 금붕어	24
인생윤회	26
아픈 손가락, 첫 손주	28
내 딸의 어깨 위에 핀 봄	30
기억속에 머무는 법	32
지구 위에 남긴 사랑의 발자국	34
꿈나비	36
그대의 빈자리, 숨결의 무게	37
사위, 맥가이버	38

아버지, 그 이름을 부르면	40
황혼을 걷는 이름	42
나의 음원과의 첫 만남	44
안부	46
처음 우리 만났던 그곳으로	48
사랑이라는 전투	50
문득, 인생이 말을 걸다	52
외국 사위	54
인생 나침반	56
꿀순이가 준 것	58
옹조리는 사랑의 노래	59
이 세상 마지막 보고싶은 것	60
사랑은 대물림	62
어느 별에서 왔니	64
그 거리, 그 자리	66
인연의 길위에서	67
눈물 바다 너머 환희 바다	68
엄마의 운동화	70
나이야가라	72
별무늬빛 사랑	73
55년의 우정	74
생명의 초침	75

2부　시간 위에 그린 풍경

엄마의 바다	78
서리 낀 창문에 그린 아이	80
첫 노을, 첫 별	82
스러진 꽃잎의 노래	84
아빠, 오래 살아야 돼	86
사진 한 장	87
그날, 너를 안았을 때	88
그녀, 붉게 타오르다	89
편지	90
우리라는 이름으로	91
가장 따뜻한 길	92
바람결에 피어난 이름	93
네온빛 사랑의 잔상	94
그리움은 아직 내 안에	95
절벽 위의 장미	96
그대 없는 밤	98
사랑, 두 얼굴의 바다	100
갈대, 그대라는 바람에	101

다스림의 지혜	102
열하의 열풍	104
박장금과의 눈치 전쟁	106
빛의 영혼	108
익숙함의 늪	110
열매, 당신과 걷는 길	112
그대를 위한 봄	113
하버지 티라노	114
멈춤과 시작사이	116
행복	117
아내, 나의 등불	118
야식	120
삶도 때로는 비가 온다	122
잿빛 새벽의 속삭임	124
색채로 다가오는 세상	126
기억은 여전히 앉아 있다	127
블로그 시대의 딸에게	128

3부   사랑, 그 처음의 떨림

빨간 밀어   132
그대라는 문 앞에서   134
설레임   135
손끝에서 시작된 마법   136
그대라는 빛이 내 안에 피어날 때   137
여인의 향기   138
한밤의 요술잔치   140
사랑   141
노을빛 그대에게   142
사랑의 소리   143
침묵의 선율   144
계절의 아픔   145
눈새   146

밤의 찬가	148
그리움의 봄	149
나비의 서정	150
가위, 바위, 보	151
그대여, 바람결에 오소서	152
하늘 사랑	154
눈물의 송가	155
사랑, 그 시작의 울림	156
그 자리에 남겨진 시선	157

후기   158

1부

고요한 나로 머무는 시간

그들의 인생, 나의 기도

연못가 뒤뚱뒤뚱 새끼오리들
엄마오리 꽁무니를 죽어라 쫓는다
그 모습이 사랑스러워 한참을 바라보았다.

세상사 자식을 사랑하지 않는 부모가 있을까
어릴 땐 아프지 않길,
자랄 땐 바르게 크길,
성인이 되어선 세상의 중심에 서 주길 바랐다.

가정을 이루고 나선 손주를 안겨주길 바라고
그 손주 또한 무탈하게 자라길 바란다
부모의 마음은 계절 따라 멈춤이 없다.

이제 손주를 돌보는 내 나이에야 안다.
인생은 잡으려 할수록 멀어지는 바람 같고,
간섭은 의미 없다는 걸.

그럼에도 덜 굽고, 덜 고단한 길을
내 자식이 걷길 바라는 마음
그것이 부모의 마지막 욕심일까.

자식들은 내 말을 흘려듣고
나는 서운하지만 탓할 수는 없다
결국 그들의 인생은 그들의 것
나는 잠시 그림자 되어 함께 걷는 길손일 뿐.

허나 죽는 날까지 자식 잘되길 바라는
이 우둔한 사랑은 멈추지 않겠지
그래서 부모란, 참으로 답답한 축복이다.

박家의 글로벌 혈통

우린 지구촌 식탁에 젓가락을 올렸다
큰딸은 태평양 건너 미국 사위를 데려왔고
나도 얼떨결에 글로벌 시대의 일부가 되었다.

뿌리를 중시하는 땅에서 한 가지가 바다를 건넌 건
누군가에겐 충격, 또 누군가에겐 진화
손주의 이름엔 '박'이 살아 있다
그거면 조상님들께도 면목은 서겠지.

한때 딸만 둘이라
속이 덜 영근 사람 취급 받던 그 시절이 있었지
그런데 오늘, 외국사위 하나 들였다고
괜히 으쓱한 나, 참 아이러니하다
"사위는 백년손님"이라 했지만
백 년은 커녕, 백 마디 말도 못 나눴다
영어 앞에 나는 늘 벙어리,

대화는 웃음 반, 손짓 반, 침묵 반이다.

영상 속 자식들은 웃지만 만나면 눈가가 먼저 젖는다
만날 때마다 이별을 먼저 걱정하는
나는 참 한국적인 아버지
무뚝뚝한 사위가 요즘 정을 툭툭 건넨다
"사위, 한국에선 검은 머리 파뿌리 될 때까지
같이 살아야 돼"
그는 웃고, 어깨만 흔들었다.
근데 말이야…
우리 사위, 머리 숱이 좀 부족해
혹시 그 머리숱도 통역이 필요한 걸까?

이국 땅에 혼자 선 딸
그 아이 마음 비에 젖지 않도록
나는 오늘도 기도란 이름의 우산을 접었다 폈다 한다.

우리 강아지, 누구 새끼야?

"우리 강아지, 누구 새끼야?"
할머니의 무심한 한마디에 집 안은 금세 연극 무대가 된다
모두가 주인공이 되고 싶은 단 하나의 장면
그 순간만큼은 사랑이 무대 위를 걷는다.

간절한 손짓, 어설픈 연기, 달콤한 회유와 눈물겨운 몸짓,
누가 가장 큰 사랑을 받을까
손주의 눈동자는 이리저리 흔들리며
세상의 중심처럼 빛난다.

사랑이란, 수많은 사연의 색깔
그 하나하나에 우린 웃음으로, 눈물로,
기억으로 마음을 입힌다.

문득, 오래된 창이 열린다
햇살은 가난했고, 바람은 쓸쓸했다

기저귀조차 말려 쓰던 시절
조용히 손 내밀던 그 분의 손길
어린이집 하나 없던 시절,
작은 숨결 품에 안고 지켜 내셨던
그 헌신의 무게를 나는 이제야 느낀다
말없이 등불이 되어 어두운 길을 밝혀 주던
그 뒷모습, 그 침묵이 지금 나를 이루는 뿌리였다.

사랑은 세대마다 이름도, 방식도 달라지지만
결국은 누군가를 위해 기꺼이 작아지는 마음.
우리가 먼 길을 떠난 뒤에도
남겨질 사랑은 단 하나
그 아이의 맑은 눈동자 속
모든 색깔로 영원히 살아 있을 것이다.

위대한 가치의 판단

어떻게 미래를 예견해야 옳을까
이익이 기준이 되는 세상, 우리는 자주 비틀거리며 묻는다
무엇이 옳았는가, 어디에 마음을 두었어야 했는가.

미국 사위가 박사학위에 매진하겠다며
큰딸과 두 손주를 보내기로 했다
홀로 견뎌내야 할 시간들, 결정 앞에 선 가족들
젖내 묻은 손자,
두 살 손녀는 공항에서 어깨를 떨었고
그날부터 갑론을박의 시간을 견뎌야 했다
입국과 동시에 바람은 멎지 않았고
병원을 오가며 보험의 체온을 느끼고
손주들의 세계가 되어 딸의 자리를 대신했다.

딸은 가족사진을 남기고 싶어했다
금전 걱정에 나는 말렸고, 딸은 조용히 웃었다

눈물과 웃음이 번갈아 등불을 밝히던 시절
쌓아온 감정의 빙산은, 출국 날 작별 인사에 녹아 흘렀다
모든 게 제자리를 찾아간 뒤.

나는 미국 큰딸의 집 거실에 앉아 있다
그때 찍은 사진이
거실, 방, 부엌을 눈부시게 비춘다.

낯설다고 울던 손녀는
이제 "할머니, 할아버지!" 외치며 안기고
품안에 있던 손자, 이제 내 손을 꼭 쥔다
그 고단함이 두 아이를 한국인으로 키운 지혜였다.

나는 오늘도 밥상 너머 그 사진들을 몰래 본다
시간이 지나 알았다
위대한 선택은 세월 뒤에야 향기로 오래 남는다는 걸.

엄마의 향기

"엄마는 위대하다"는 말,
흔해 흘려 들었지만
정작 삶의 현장에 있던 이는 그녀였다.

아이들 밥숟가락 옆 반찬을 놓고
철마다 옷 챙기며 계절을 건너고
이젠 손주까지 품고, 숨 돌릴 틈조차 없다
"조심해라, 어쩌냐…"
잔소리 같은 말 속에 사랑의 잔가지들이 자란다.

어릴 적 엄마를 잃은 그녀
허전함을 대신하듯 아이들에게 햇살처럼 따뜻하다
그 모정 앞에 나는 늘 미안함으로 젖는다.
.
가끔 묻는다
"당신은 내가 먼저야, 자식이 먼저야?"

웃으며 넘기는 말, 대답은 늘 안개 속.

세월은 고요히 흐르고
그녀의 향기, 집안 가득 은은한 꽃내로 스며든다.

언젠가 그 향기마저 퇴색되겠지만
머무는 마음들은 그 향기 속으로
천천히, 깊이 젖어들 것이다.

오색빛깔 금붕어

작은 우주가 반짝이며 사자를 부르고
무더위쯤은 놀이가 된다
나는 위기 극복의 달인, 한두 번 당해본 게 아니거든
손주의 별명은 "오색빛깔 금붕어"
금세 잊고 또 묻는 사랑스런 녀석.

근데 이상하다. 어제도, 오늘도 눈 뜨자마자
"사자 보러 가자"
사랑은 발길을 동물원으로 이끌고
사자 앞에서 환호하는 손자, 나도 외쳤다
"사자야, 움직여라!"

지쳐갈 무렵, 딸의 한마디
"우리 아빠도… 늙었네"
그 말에 순간 세월이 내려 앉지만
멀리서 들려오는

"하버지~ 빨리 와!"

그 소리에 다시 벼락같은 힘
사랑 앞에선 나는 오늘도 세상에서 가장 젊은 하버지다.

인생윤회

부모 없는 자식이 있으랴, 바람에도 뿌리가 있다
삶도 결국 유순히 흐르는 물줄기 아니던가.

아이의 같은 말 백 번도 웃으며 들었다
그 웃음은 오래전 어머니가 흘린 눈물의 반짝임이다.

늙으면 아이로 돌아간다
거짓 같은 시간 속에서 삶의 무게를 가늠한다.

예순 다섯해, 삶의 목록을 비우려 했지만
계획은 늘 삶 앞에 무력하다
손주의 첫 울음은 기쁨인 동시에 고단한 내일의 북소리
자식은 말한다
"이건 사랑이잖아"
꽃잎 같지만 내 등을 누르는 의무다.

이 시대의 부모는 자식에겐 다 주고
자신의 부모는 창밖 계절만 바라보게 한다
나도 그랬다.
어머니를 병원에 모시던 날, 나는 어떤 자식이었을까
삼일 밤낮 산고의 고통 끝에 나를 품었던 어머니
그 은혜를 어찌 한 줄 말로 다할까
그러나 세월은 무디고 나는 예를 다하지 못했다
후회는 늦가을 언덕 위 휘파람처럼 남는다.

삶은 덜컥거리는 수레, 텅 빈 마차처럼 삐걱이며 나아간다
사랑은 버거운 기쁨, 쓸쓸한 선택
그럼에도 나는 너를 향해 오늘도 손을 내민다.

그것이 부모의 윤회라면,
나는 또 한 번 그 강을 기꺼이 건널 것이다.

아픈 손가락, 첫 손주

세상이 멈춰버린 날들, 마스크에 가려진 표정너머
미국 땅 큰딸은 생명을 품고 있었다
출산을 앞둔 딸, 우리의 기도가 탯줄에 매달려 있었다
첫 손주, 우리 집 첫 사랑.

코로나 끝 겨울, 비행기에 몸을 싣고
마른 꽃잎 같은 딸과 연한 숨결을 안았다
기쁨보다 먼저 미안함이 눈물로 번졌다
그 겨울, 우린 서로를 이불 삼아 온기를 나눴고
그 아이가 어느새 네 살,
시간은 아이 키우다 보면 쏜살이다.

첫 손주는 그리움, 보고픔이고
때론 육아 분쟁의 불쏘시개다
작은 휴대폰 창 너머 손녀가 울먹인다
"할머니 보고싶은데…어엉 엉~"

그 한마디에 우린 평화주의자가 아니었다
딸의 해명은 귓등으로 흘리고
전투 태세 돌입!
"지금 당장 미국 가야겠어!"

그 아이는 우리에게 찾아 온 따뜻한 운명
가장 아픈 손가락, 가장 큰 웃음.

내 딸의 어깨 위에 핀 봄

오래 전, 햇살을 담은 작은 상자
너의 편지가 오늘 미소로 피어난다
봄비 같은 감정은 내 벽에 부딪혀 흩어졌고
나는 그 물기를 닦아내지 못했다.

삶의 해류 속에 마음을 닫고 떠난 너,
가시 숨긴 장미처럼 홀연히 미국으로 향했고
어느 날, 들려온 낯선 비보
넘어진 계단, 늦은 치료, 깊어진 병.
그 순간 내 안의 종잇장이 바스러졌다.

그 후, 결혼하고 두 웃음꽃을 내 품에 피워 준 너
하지만, 우리 사이엔 여전히 말 대신 강이 흐른다.

내 말 한 마디, 네 봄에 이른 서리였을까.
내 침묵은 너의 햇살을 가린 구름이었을까.

어느 봄날,
따스한 바람이 너의 어깨를 살며시 건드릴 때
그 위에 조용히 핀 꽃 한 송이, 그리움이 되길 바란다
그때,
네 손끝이 아무 말 없이 내 손등을 스치면 좋겠다.

기억속에 머무는 법

나뭇잎은 바람을 탓하지 않는다
떨어질 때를 알기에.

나는 이제야 뒤늦은 나와의 약속을 지운다
버킷리스트, 먼지 속 소망들이
하나씩 마지막 인사처럼 빛난다.

가족과 웃은 한 장의 사진,
그 따스함이 내 존재의 지문이 된다.

추억은,
그저 지나온 일이 아니라 살아있는 마음의 꽃이다
나는 안다. 몸은 멈춰도 마음은 머문다는 걸.

잎맥 하나로 계절을 기억하듯
내 시 한 줄이 누군가에게 남기를.

죽음은,
숨이 끝이 아닌
기억 속에서 천천히 지워지는 일

그래서 오늘 작은 사랑을 남긴다
미안함을 꺼내고, 고마움을 접어 두며
용서를 마지막 인사처럼 시로 남긴다.

지구 위에 남긴 사랑의 발자국

우리, 오래 접어둔 마음의 지도를 펼칩니다
그 안엔, 한 번도 가보지 못한 풍경과
꿈속에서 수없이 걸은 길들이 숨 쉬고 있지요.

기억의 먼지를 털어내듯, 당신 손을 잡고 걷습니다.
햇살 같은 날들, 비에 젖었던 순간들을
추억이라는 물감으로 덧칠하며.

지치면, 당신 어깨에 기대 눈을 감고
숨결로 피로를 덮습니다
힘겨운 여정도, 당신과 함께여서 더 다정합니다
거칠어진 숨결마다,
사랑이라는 발자국을 남기고 싶습니다
바람에도 지워지지 않을 한 줌 온기 같은 흔적을.

우리의 종착지는 화려한 곳이 아니었습니다

그저 당신과 걸었다는 사실,
그것만으로 충분했던 여정.

그래서일까요,
사랑을 지도 삼아 지구 위에 발자국을 남기는 건
그대라는 좌표 위에 내 삶의 마지막 길이 닿았습니다.

꿈나비

밤하늘 지키는 별 하나, 잊힌 꿈 찾아 날아오른 꿈나비
이름 없는 빛 따라 조용히 사라진 영혼을 쓰다듬는다.

하늘은 침묵하고, 별빛은 기억을 흘린다
나비는 잃은 숨결 따라 바람결을 떠돈다.

추억의 실타래를 풀며 스미는 빛의 길을 걷는다
눈물마저 마른 하얀 밤, 별의 오래된 사연이 흐른다.

기억은 빛 바랜 그림자처럼
나비의 날개에 스쳐 잠들고
그대의 이름 하나, 그 속에 숨어 있다.

희미하게 남겨진 꿈나비의
얼룩진 자욱은 밤의 자필 시
이 밤, 별이 써 내려간 하늘 위 마지막 위로

그대의 빈자리, 숨결의 무게

초겨울 벤치,
눈송이 속에서도 봄처럼 웃던 당신.

삶에 쫓겨,
기다림의 언어를 몰랐던 나.

퇴직 후,
집 안의 공기는 익숙하지만 낯설고
당신의 빈자리는 살림이 아닌 숨결의 결핍.

혼잣말 같은 하루,
당신의 목소리는 더는 내 것이 아닌 듯.

그래도 나는
자존심을 내려놓고
다시 당신을 부르고 있습니다.

사위, 맥가이버

아들이 없던 내게 든든한 사위가 생겼다
190센치, 120킬로
존재만으로도 의지가 된다.

나는 똥손,
고치려 하면 망가뜨리기 일쑤지만
사위는 뭐든 척척

고장 난 집안도,
고집 센 장인 마음도
조용히 다듬는다.

말 없이도 마음을 읽고,
내 마음의 기술자처럼 다가와 나를 고친다.

나는 칭찬에 인색하지만 속으론 웃는다

이젠 사위 재미에 푹 빠졌다
우린 그렇게 가족이 되어간다.

아버지, 그 이름을 부르면

새벽마다 이슬 맞으며 나서시던 아버지
머물고픈 마음도 '아버지'란 이름 앞에 접으셨지요
고단하고 곤궁했던 시절,
서러운 하루하루가
아버지의 전부였음을 이제야 조금씩 알아갑니다.

저녁이면 술에 기대 고단함을 쏟아냈던 아버지
"엄마 데려와!"
그 말은 어린 제게 차갑고 아프게만 들렸습니다
집이 무서워 골목을 헤매다 혼자 돌아오던 밤들
그리고 다시, 아무 일 없는 듯
새벽 어스름 속 일터로 향하시던 발걸음.

하루는, 시간의 울타리를 지키는
아버지를 찾아 낯선 땅을 밟았다
차가운 바닥, 허름한 방,

그곳에서 아버지는,
낮엔 일하고 밤엔 쪽잠으로 버티고 계셨다
날 보자, 환히 웃으며 품에 꼭 안아 주셨습니다.
그 온기 그 미소가 지금도 마음속에
사진처럼 남아 있습니다.

잔정 많던 우리 아버지
세상이 야속해, 사랑을 제대로 건네지 못하셨지만
그 모든 하루가 가족을 위한 버팀목이었습니다
기억이 노을처럼 번지는 날,
가만히 아버지란 이름을 피워봅니다.

황혼을 걷는 이름

나의 삶 깊은 곳
고요히 숨 쉬던 당신의 미소 하나
세상살이 거친 바람 불던 날에도
그 웃음은 내 지친 마음의 안식처였지요.

밤비를 좋아하고, 눈물이 많았던 당신
그 여린 마음은
이따금 내 가슴속에 빗방울처럼 스며들었습니다.

무심한 세월이
우리 머리 위에 반백의 시간을 얹었지만
당신은 여전히 나의 인생, 나의 길입니다.

같은 하늘을 바라보며
같은 걸음을 나란히 맞춰온 날들
넘어지고, 다시 일어설 때마다

당신이 있었기에 나는 견딜 수 있었지요.

들길을 좋아하던 당신
"잡은 손 놓지 말자"던 그날의 목소리
아직도 내 귓가에 노을처럼 번집니다.

황금빛 석양 아래 이제는 세월마저
가슴속 깊이 아릿하게 파고들어
그 이름을, 그 따스함을
더 단단히 껴안게 됩니다.

나의 음원과의 첫 만남

참 긴 바람이었다
그 기다림이 이루어지기까지 43년이 걸렸다
내 음악이 처음 내 귀에 들려오던 날
그건 내 인생 가장 큰 희열이었다.

가장 먼저 발길이 닿은 곳,
시간 너머 그 분들이 머무는 자리
내 노래를 가슴에 품어주던 그 분들께
소리 없는 노래로 늦은 효를 올렸다.

신비로운 감성에 이끌려,
오늘도 꿈결처럼 걷는다.
가슴 깊은 떨림을 음표와 숨결로 전하며
나는 오늘도 영혼으로 노래한다.

외롭던 날들은 멜로디의 그림자가 되었고

기다림의 긴 터널은 한 편의 가사가 되었다
나는 지금도 그 길 위를 걷는다
나만의 음원이 들려주는 속삭임 따라
한 소절씩 내 삶을 불러본다.

안부

매일 아침 그가 보내오던 짧은 안부
익숙한 말 따스한 위로
나는 핸드폰을 열었다 조용히 닫는다.

어느 날, 그 말이 멎고 침묵이 찾아왔다
버려진 마음이 닿았던 걸까
미안함이 스멀스멀 가슴에 번져옵니다
보내는 마음과 받고 싶은 마음은
늘 같지 않는 법, 스스로 위로하며
오늘은 내가 먼저 안부를 건넵니다.

"안녕, 잘 지내시나요?"
답은 없고,
그의 말 한 줄이 하루 종일 그립습니다
그렇게 또 하루가 저물고
문득, 전해진 짧은 문자 '부고'

욕실에서 홀로 넘어진 채, 차가운 생의 마감.

아내는 손주를 돌보느라 분주하고
속초 집엔 나 혼자 뿐
왠지 남의 일 같지 않다
오늘도 또 다른 지인과 연락이 닿지 않는다

안부란,
살아 있다는 조용한 숨결, 이제야 알 것 같다.

처음 우리 만났던 그곳으로

그대, 나의 눈을 바라보아요
눈가에 맺힌 한 방울, 말 없는 고백이었죠.

그 눈물, 내 마음 깊은 곳
별 하나 되어 고요히 머뭅니다.

그대, 내 손을 잡아요
이 온기는 바람도 햇살도
닿지 못할 우리만의 숨결이에요.

당신의 떨리는 목소리 잔잔한 물결이 되어
내 영혼 속에 영원히 퍼지게 둘게요.

창가엔 비가 속삭이고 지친 마음을 살며시 적셔주네요
초록이 다시 피어나고 꽃은 사랑처럼 고요히 움트고
두둥실 흘러가는 조각구름 위에 못 다한 사랑을 실어요.

처음 우리 만났던 그 골목
햇살 속 미소가 머물던 그날의 공기 속으로
사랑이 처음 말을 걸던 그 순간으로 돌아가
우리 다시 그곳에서 만나요.

사랑이라는 전투

"함어니 도와주세요… 하버지 도와주세요…"
어설픈 말발음에 벌써 가슴이 젖는다
아직 이름도 모르는 아이가 내 마음 여는 법은 안다
눈물 없이 세상을 가장 슬프게 연기한다.

처음엔 단호했다
작은 전쟁이라도 이기자 다짐했었다
그런데 그 눈빛, 어깨 떨림…이건 행위예술이다
그 조그만 입꼬리 하나에, 내 성벽은 사라진다.

매번 무너진다. 그러면서도 매번 '다음엔 안 봐준다'
스스로와의 약속을 하루에도 수십 번
결국
"넌 세상에서 가장 어여쁜 사기꾼이야."
아프고 돌아오면 더 강해져 있다
내 시선은 날카로워지지만 그 애는 더 유연해진다.

밤이 되면 전투는 잠시 휴전
육퇴 후, 이긴 건 누구였을까
사진 한 장 속 미소에
그래, 또 졌다
사랑은 매번 나를 무장해제 시킨다.

문득, 인생이 말을 걸다

그냥 지나치려 했다
세월을 비껴가고 싶었다
그런데 문득 '이것만은 해내야 하지 않을까?'
인생의 숙제가 생겼다.

모두가 외면한 일, 왜 하느냐고
무엇을 얻으려 하느냐고 묻는다
세상은 언제나 목적 있는 길만을 원한다.

어느 날 길을 걷다 소나기를 만났다
흠뻑 젖은 몸을 이끌고 걷는데
몸이 깃털처럼 가벼워졌다
햇살 아래, 풀잎 끝에 맺힌 빗방울이 말을 건넨다.

"힘들었지? 괜찮아, 잘하고 있어."
잠시 세상이 내 편 같았다

서로의 다름을 인정해주는 사람,
그런 인연을 꿈꾼다

비에 젖은 하루가
나를 더 단단하게 조금 더 나 답게 만들었다.

외국 사위

내 인생에서 영어는 평생 숙제,
영어만 들리면 내 머릿속엔 구름이 끼었다
그래서 딸만큼은 글로벌하게!

그런데 진짜로 미국 고등학교 선생님과 결혼을 했다
말은 막히고 내 체면은 그 보다 더 막혔다.

사위는 박사공부로 바쁘고, 나는 눈치공부로 바쁘다.
"동방예의지국인데, 내가 지금 영어를 배우긴 좀…"
점점 말보단 손짓, 발짓, 눈빛으로 소통을 이어간다.

술도 담배도 안 하는 고지식한 선생님사위
대화는 파파고로, 정은 눈빛으로 나눈다
어느 날, 서툰 발음으로
"아버님, 감사합니다"
그 한마디에 가슴 한 켠이 뭉클해진다.

그는 박사가 되었고 이젠 작가의 꿈을 꾼다
나는 바란다.
내가 그의 삶에 조용한 이정표가 되길.

말보단 마음으로
눈빛보단 온기로
서로의 시간 속에 머물며
조금씩 닮아 가기를.

인생 나침반

딸, 너 공부 머리는 있는데 왜 안 하니?"
"아빠~나 공부 싫어, 흐응~"
볼을 부풀리며 웃던 너,
그 천진함에 잔소리를 접었다.

사람을 책처럼 읽고
저녁이면 라떼보다 진한 웃음을 흘리던 너
집은 잠시 머무는 간이역 같았다.

"인생 나침반 함께 찾아보자"하자
"재밌겠다!"눈을 반짝인 너
적성검사 한 장이 인생의 물꼬를 트고
숨어 있던 재능들이 비처럼 스며들었다.

내 삶이 흔들릴 때
숫자로 내 일상을 정리하던 너

가정의 균형을 다시 맞추며
이번엔 네가 내 나침반이 되었다.

닻 내린 너의 삶 위에
빛이 오래 머무르기를 나는 기도한다.

어제는 내가 너의 북극성이었고
오늘은 네가 나의 별자리다
결국, 인생의 나침반은
방향이 아니라, 사랑이었다.

꿀순이가 준 것

두 손, 두 발 번쩍 들며
햇살처럼 웃던 너, 꿀순이
우리 집에 온 사랑의 열매
웃음으로 꿀을 흩뿌렸지.

우린 그저 사랑받는 아기인 줄만
그러다 입술 닫힌 너를 보고
처음으로 알았단다
네 웃음 한 방울이 얼마나 깊은 사랑이었는지.

네 잠 한 조각이
얼마나 큰 평화였는지
작은 가슴으로 온 집을 안던 너
달콤한 울음으로 잠든 너 앞에.

우린 숨죽여 깨달았어
꿀을 나눠준 건 바로 너였다는 걸.

옹조리는 사랑의 노래

사랑 하나 가슴에 품고 노래를 만들었지만
삶은, 언제나 노래보다 앞섰다.

세상은 내게 입을 열지 말고 발로 살아가라 했고
그녀는 늘 나를 믿어주었습니다.

반백이 지나 작은 방 한 켠,
그녀를 위해 세월 속에 감춰둔 선율을 꺼낸다.

밥 짓던 그녀, 익숙하게
노래를 따라 부릅니다.

젊은 날, 내 음악 위에 내려앉던 꽃잎 같은 그녀
이제는 주름진 세월 속 가장 고운 메아리다.

잊힌 줄 알았던 고백
이제는 사라지지 않는 노래가 되었다.

이 세상 마지막 보고싶은 것

내 마지막 봄이 있다면
그건 당신의 눈동자.

그 안엔
우리가 걷던 사계절이 흐르고
꽃 피우던 설렘,
타오르던 햇살,
익어가던 나뭇잎,
하얗게 내려앉던 온기가 있지요.

그 눈으로 날 품었고
나는 당신 안에서 피었어요.

이별이 와도 괜찮아요
그 눈에 내가 살아 있었으니까
먼 길을 떠날 때도

말 대신 눈을 마주할게요.
당신, 내 마지막 풍경.

사랑은 대물림

"우리 아기 똥도 예쁘다"던
그 딸이
이젠 진짜 엄마가 되었구나.

아기만 보면
세상이 멈춘 듯
그 눈빛에 별이 가득하다.

눈꼴셔 못 보겠다 하면
곧 눈 흘기는데
그 표정마저 아기 닮아 웃음이 난다.

손주를 안고
덩실 춤추는 이 하버지,
이토록 예쁜 생명을
곁에서 바라보는 기적.

세월은 흘렀고
사랑은 대물림이 되어 또 피어난다.

어느 별에서 왔니

자전거 한 대가
작은 행성을 흔들었다.

두 살 로건은
고장 난 핸들 위에서 허공을 달렸고
하버지는 등 굽은 말 없는 엔진이었다.

누나 쥴리의 자전거를
잠시 빌리는 순간, 세상엔 작은 천둥이 내리쳤다.

쥴리의 눈엔 번개가 번쩍,
로건의 입은 "싫엉!"으로 불탔고
작은 전쟁은 고요한 공원에 불시착했다.

쥴리는 아빠 품에서 작은 패배자로 돌아오고
로건은 승리의 깃발을 흔들며 바람을 찢고 달렸다.

밤이 되어 별을 두드렸다
"하버지 허리 아파! 자전거 로건에게 양보해 줄래"
쥴리는 말없이 눈빛으로 대답했다.

다음 날, 자전거 타임.
쥴리는 날쌔게 뛰어나가 자신의 자전거에 올라탔다.

'작전 실패…'
내 안에 희망이 주저앉을 무렵

쥴리가 해처럼 활짝 웃으며 돌아섰다
"하버지, 로건 나오면 줄게요."

나는 그 작고 큰 사람을
세상처럼 꼭 안았다.

쥴리야, 넌 정말
어느 별에서 왔니?

그 거리, 그 자리

차창 너머 스치는 익숙한 거리,
우리가 웃으며 걷던 그 골목.
빛 바랜 간판 아래
오래된 커피숍 하나가 시간 속에 조용히 앉아 있네.

세월은 흘러도 그 곳만은 멈춘 듯,
불쑥, 가슴 깊이 그리움 한 줄기 스며든다.

몇 번을 지나쳐도 늘 발걸음을 붙잡는 기억.
그대도 나처럼, 문득 그 자리에 멈춰 그 시절을 떠 올릴까.

이제는 닿을 수 없는 거리,
그대의 뒷모습만 바람에 실려
같은 하늘 아래 누군가의 추억으로 피어 있겠지.

인연의 길위에서

누굴 만날까, 인생의 또 한 페이지가 펼쳐진다
여행은 떠나기 전부터, 내 안의 기대를 깨운다
낯선 길 위, 잊혔던 나를 다시 만나는 시간.

이번 여행지기는 어떤 인연의 바람을 데리고 올까
스쳐가는 발걸음 속, 우연처럼 스며드는 이름들
때론 예고 없이 다가와, 삶의 결을 흔든다.

처음 마주한 눈빛의 낯섦도 이내 잔잔해지고
우린 서로의 하루를 조금씩 물들어 간다
인연은 늘 머물지 않기에, 바람결에 스며드는
꽃가루처럼 지나간 뒤 에야 더욱 짙어 지는 것.

잠시 머물다 간 그 사람의 온기와 풍경은
내 마음 한 켠에서 오래도록 꽃잎처럼 피어난다.

눈물 바다 너머 환희 바다

오늘 나는 코네디컷에 있는 큰딸을 뒤로 하고
눈물의 바다를 건너 환희의 바다로 간다
지구 반대편 또다른 기다림이 있는 곳.

작은 가슴에 스며든 이별의 기척
아직 꿈이 마르기 전, 새벽 여섯 시!
네 살 손녀의 눈이 열렸다
손녀는 말 대신 눈빛으로 이별을 껴안고 있었다.

말 없는 동행
작별은 눈물보다 깊은 침묵으로 남겼고
우린 아직도 그 울음을 품고 산다.

두 바다 사이, 마음은 길을 잃고
기쁨과 슬픔은 한 몸에 깃들어
사랑은 늘 두 갈래로 찢긴다.

두 개의 물결에 마음을 맡긴 채
우리는 천천히 젖어 든다.

엄마의 운동화

밤새 별에게 자랑하던
새 운동화 한 켤레,
엄마의 사랑이
발끝까지 묶여 있었다.

첫 걸음은 무거웠지만
그 끈에 마음이 실려 가벼워졌고.

빗속에서 한 짝을 잃었을 때
나는 시냇물에 엄마를 불렀다.

대답 없는 물결 속,
그러나 그 조용한 품 안엔
세상 가장 깊은 위로가 있었다.

이젠 내 손주의 작은 발에

그 기억을 신겨주며 깨닫는다
엄마는 그렇게,
세대를 넘어
내 삶에 다시 걸어오고 있었다.

나이야가라

물살이 세월처럼 흘러
구름은 녹고, 하늘은 부서진다
안개 속 무지개는 숨결처럼 피고
자연은 웅장한 숨을 토해낸다.

폭포 앞에서 시간은 멈추고
입술은 저절로 감탄을 뱉는다
말로만 듣던 그 장면 앞에서
젊음이 다시 피어오른다.

세월을 막을 수 없듯
물살도 거스를 수 없지만
그 앞에 선 우리는
잠시, 시간의 거울 속으로 걸어 들어간다.

나이야, 가라!
삶이여, 다시 솟구쳐라.

별무늬빛 사랑

어둠이 내려앉고
세상은 침묵에 잠긴다.

나는 사라짐과
남겨짐 사이를 서성이고.

별무리 웃음 속
잔물결 위 사랑 하나 흐느적이고
잊히지 않는 항로처럼 더디게 흐른다.

밤의 찬가가 도시를 스치고
오래된 한숨은 어둠에 젖는다.

그리움의 파편들이
하나 둘 별빛에 묻힌다.

55년의 우정

열 살, 먼 등굣길
짧은 봄빛 같은 날들이
평생 마음에 뿌리내리며
두 그림자가 나란히 흘렀다.

가지 갈라진 나무처럼
서로 다른 하늘 아래 서 있었고
강산이 다섯 번 바뀌는 동안
물길은 바다에서 다시 만났다.

백발 드리운 한적한 날,
한 끼와 한 잔의 차, 웃음 속 언쟁
55년을 견딘 우정
88년까지 팔팔하게 살아보자.

너는 내 평안,
세월이 비껴간 온기다.

생명의 초침

단골 이발소 구석,
15년 그림자가 잠들어 있다.
짖지 못해도 눈빛은 여전히 바람을 읽는다.

행복과 불행이 교차하는 시간 속
살고 싶다는 간절함만
조용히, 그러나 굳건히 빛난다.

하루 두 번, 알람에 맞춰 약을 찾아오는 몸짓
한 달 24만 원, 연 1500만 원
숫자로 셀 수 없는 책임의 무게가
시간과 사랑을 가르친다.

삶의 미학은 인간만의 것이 아니다
집에 들어서면 가장 먼저 맞이하는 작은 그림자,
요람에서 무덤까지 함께 걷는 시간의 무게를 가르친다.

2부

시간 위에 그린 풍경

엄마의 바다

아이들 다 시집보내고 이제야 쉬나 싶었다
조용한 섬일 줄 알았던 둘만의 시간
그건 폭풍 전야였다.

큰딸, 작은딸
아이를 낳고 또 낳고
손주들은 파도처럼 밀려와 상륙했고
엄마의 바다는 풍랑주의보.

"엄마 여기요!" "엄마 이거!"
구명신호는 끊이지 않고 엄마는 모든 배를 품는다
뾰로통한 내가 툭 한 마디 던진다
"왜 아직도 엄마 타령들이야."

고래 싸움에 새우 등 터지듯
엄마의 바다가 흔들리니 그 옆에 선 나도 침몰 중

하지만 생각해 보면 나도 그랬다
울면 품어주고, 아프면 덮어주던 봄 햇살 같은 그 품.

지금 그 사랑이 바다가 되어 흐르고 있다.
누굴 탓하랴,
엄마란 바다 앞에
우리 모두 작은 배 한 척 흔들리며 떠 있을 뿐.

서리 낀 창문에 그린 아이

지쳐 있는
그대와 나의 눈빛은
꺼져가는 생명을 등진 채
미련조차 접고 길을 떠난다

하루 종일
소리 없는 안개비가 내린다
험한 시련을 예고하듯
세상은 잿빛으로 물들어간다

차창 밖은
아무것도 보이지 않는다
서리가 낀 걸까
아니면,
멈추지 않는 눈물이
시야를 흐리게 한 걸까

차창 안 서리에
주먹 하나 조심스레 그려보고
손가락 마디마디에
다섯 개의 작은 발가락을
그려 넣는다

그렇게 나는
알지 못했던 생명에게
작은 기도를 올린다.

(2025년 서울문학 신인문학상 선정작)

첫 노을, 첫 별

구름 사이
진분홍 노을이 피었다.

오늘, 임이 오시려나
노을 끝 물결 따라.

눈 감으면
하늘엔 흰 줄 하나, 별 하나 떠 있다.

바람 너머
은은한 향기 스며들고.

나는 안다
사랑이 노을을 타고 왔음을.

이제, 숨처럼

내 안에 살아 있는 너
이 순간을 영원처럼 품으리.

스러진 꽃잎의 노래

휘몰아치는 거센 바람
가슴 속 울타리를 찢고 지나간다
베인 살처럼 스며드는
묵은 기억 하나
그 자리에 조용히 내려앉는다.

바람 속 흔들리던 마지막 꽃씨
한 줄기 아련한 향기 남기고
덧없이 허공에 흩어지네.

돌개바람이 영혼의 언덕을 휘감고
나의 혼은 서서히
빛 잃은 꽃잎처럼 스러져 간다.

아… 이 음울한 기운은
부서진 시간의 파편이 되어

하얀 기억의 호수 위에 떠돌고
되돌릴 수 없는 마음만 그 자리를 맴돈다.

아빠, 오래 살아야 돼

TV를 보던 저녁시간
"아빠, 오래 살아야 돼."
딸의 한마디에 시간이 멈추고 가슴이 조용히 울었다.

웃는 얼굴 뒤, 수많은 계절이 스쳤고
그 눈동자엔 말보다 깊은 사랑이 있었다.

마주한 미소 사이, 작은 물결 번지듯 눈물이 맺히고
내 마음은 봄눈처럼 소리 없이 녹아 내린다.

그 맑은 얼굴 지켜주려
나도 오래, 오래 살아야겠다.

딸아,
너의 한 마디에 내 하루가 빛났다
사랑은 그저 한마디로 세상을 바꾸는 것.

사진 한 장

먼 나라 딸이 보내온
한 장의 저녁 빛.

지친 품에 안긴 손주와 스러지던 하루
주름진 이마엔 말 없는 사랑이 맺히고.

마른 손끝엔 너를 위해
쌓은 하루가 조용히 스러져 있었다.

그 사진 한 장에
고맙다, 미안하다, 사랑한다
모두 담겨 있었다.

말보다 깊고 눈물보다 조용한 너의 편지
나는 그 사진을 밤마다 꺼내 읽는다
가슴에 남은 한 장의 사랑.

그날, 너를 안았을 때

그날, 작은 바람결 하나
내 가슴에 생명을 틔웠다.

말 없어도
너의 기쁨과 눈물은
내 심장에 고스란히 닿는다.

고운 나래 펴고
세상을 날다가.

무거운 하루에 지치거든
망설이지 말고 내게 오렴.

서툰 품일지라도
넌 언제나 내 안의 이유다.

그녀, 붉게 타오르다

붉은 볼에
화장기처럼 어른대던 고백
햇살을 머금은 입술.

콧노래처럼 피어나는 숨결
어둠 속 조각처럼 앉은 그녀
고요한 예술이었다.

눈동자에 머문
사랑의 잔광을
나는 어둠처럼 응시했고,

그녀는
내일의 하늘로 날아오를 준비를 마쳤다.

나는
닿지 않는 바람 앞 멈춘 가지였다.

편지

비 내리는 밤이면 차마 못 전한 마음
종이 위로 스며든다.

쑥스러운 말들에 피식 웃고
지우고 또 지운다.

결국 구겨진 편지 한 장
버렸으나 작은 불씨는 남는다.

그 온기가 빗소리 따라
그의 곁 어딘가를 걷는다.

말하지 못한 편지 한 통
내 마음을 비추는 작은 거울이 된다.

그래서
이 비 오는 밤이 좋다.

우리라는 이름으로

두 눈빛 설렘으로 마주하고
사랑은 여정으로 피어난다.

손을 맞잡은 순간
과거와 미래가 숨결처럼 겹쳐지고.

웃음은 꽃이 되고
두 이름, 한 문장이 된다.

이해와 용서로 하루를 엮고
햇살이든 비든
우린 마음의 숲길을 조용히 걷는다.

가장 따뜻한 길

그림자 뒤에서 나는 너의 하루를 품었다.
첫 울음은 내 새벽을 흔들고
첫 걸음은 어깨 위에 핀 햇살이었다.

네가 넘어질 때마다, 나는 더 단단해졌고
네가 흔들릴 때마다, 등뒤의 기둥이 되었지.

거센 물살 속 너라는 돛을 달고
수없이 방향을 바꾸며 살아냈다.

이제 너도 누군가의 바다가 되어 서 있구나
부모란 자신을 잊고 누군가의 전부가 되는 일.

너는 내가 걸어온
가장 따뜻한 길,
살아낸 가장 아름다운 이유다.

바람결에 피어난 이름

노을처럼 물든 시간
당신 곁이 내 하루였지요.

하늘이 되고 싶던 나는
현실에 시들어 그림자만 안았죠.

그래도 잊지 못할 우리의 고운 날들
바람결에 당신 이름을 불러봅니다.

기억은 꽃이 되고
빗물처럼 마음을 걷게 하네요.

당신이 없는 자리에 앉아
눈 감으면
숨결 따라
내 마음도 다시 피어납니다.

네온빛 사랑의 잔상

사랑은 색 바랜 네온 앞에 멈췄고
당신의 말은 깜빡이는 간판처럼 사라졌네.

그리움인가
집착인가
찬란한 착시였을까.

식은 눈빛 속 진심은
연기처럼 스며 흩어졌고.

나는 가로등 아래
시간 틈에 남겨진 미광을 더듬는다.

그리움은 아직 내 안에

가슴 속 불씨 하나
당신 웃음이 바람결로 스친다.

세월에 밀려
얼굴조차 흐려질까 두렵다.

기억이 사라질 때마다
나는 시간을 거슬러 걷는다.

밋밋한 하루에도
함께 웃던 날이 나를 이끌고
당신의 향기는 여전히 머문다.

오늘도 그 불씨는 살아나
그리움으로 나를 태운다.

절벽 위의 장미

줄 위 웃음 짓던 낡은 광대
비는 채찍처럼, 서리는 침묵처럼 스쳤다.

떨어지지 않으려 숨 고르던 나날
어느 날, 오늘이 빛처럼 스며들었다.

장미 향기 같은 온기
지친 마음을 감싸 안았다.

그건 쓰러진 자리에서 움튼 새싹이었을까
상처 위에 내려앉은 늦은 봄눈이었을까

절벽 끝, 장미 한 송이
그 향기만으로 나는 웃는다.

햇살은 상처에 앉고

작은 새 하나 어깨에 쉰다
넘어진 삶도 꽃을 피운다.

그대 없는 밤

별빛은 등불처럼 꺼지고
숨결은 고요 속에 스며든다.

달빛 속 그대 눈동자
안개처럼 흩어지고,
내 마음은 그 빛에 길을 잃는다.

그대의 하얀 최면 아래
나는 마음을 벗고 눕는다.

사랑의 사슬에 묶인 채
망각의 강을 건너고,

잠은 길 잃은 나그네,
나는 그대 이름으로 떠돈다.

그리움은 바람 되어 스미고
이 마음, 어이 견디어낼까.

사랑, 두 얼굴의 바다

우리 사랑은 잔잔한 물결 아니었다
감정의 폭풍을 헤쳐 나갔다.

엇갈린 말끝마다
서로 다른 별을 찾았고
차가운 파편은 메아리 되어
가슴을 두드렸다.

나는 하나의 얼굴로 사랑을 짓고
그대는 두 마음으로 세상을 견주었다
꿈은 허공에 흩어지고
내일은 다른 길에 걸렸다.

이제, 양면의 바다 앞에서 묻는다
우리가 지켜야 했던 것은
사랑인가,
아니면 낯선 내 모습인가.

갈대, 그대라는 바람에

그대 그림자 따라
나는 한 줄기 갈대.

바람결 스며드는 시련에
숨조차 흔들리고.

봄바람조차
내 한숨을 키우네.

고개 숙인 침묵은
부러질 듯한 마음.

그대라는 바람 앞에
나는 끝없이 흔들린다.

가느다란 사랑 하나,
갈대처럼.

다스림의 지혜

질주하는 말발굽 위에
굳센 이성의 고삐를 주소서.

거친 들판을 지나
스스로의 길을 찾게 하소서.

사랑한 만큼, 나를 바라보게 하시고
기울지 않은 저울 위에서 마주서게 하소서.

회오리 속에서도 흔들리지 않도록
고요히 붙드는 지혜를 주소서.

나는 그대를 미워하지 않으니
그대 또한 그러하길.

가시 대신 나뭇잎으로 감싸게 하시고.

꽃이 지는 이치처럼
우리의 이별도 너무 이르지 않게 하소서.

열하의 열풍

돌틈으로 밀려든 열하의 물결
얼어붙은 마음 위에 빙벽이 자란다.

미움의 그늘 아래
울음은 서서히 굳어간다.

그리움은 고독 속에 스며들고
계절은 조용히 변화를 예고한다.

나의 빙벽도 언젠가 스스로 무너지리라.

사랑이여,
만남의 상처는 얼음이 되었고
오직 사랑만이 그것을 녹일 수 있다.

그러나 이제,

당신의 열풍을
이 얼어붙은 가슴을 향해 불어다오.

박장금과의 눈치 전쟁

두 생명이 지구 양끝에서 동시에 피어났다
우린 갈림길에 섰고, 아내는 태평양을 건넜다
나는 빈자리를 품는 담요처럼 막내의 아이를 안았다
분유를 데우고, 기저귀에 계절을 갈며
작은 생명의 온도에 나를 맞췄다.

그러던 어느 날, 밥보다 외식을 외치던 딸이
국자를 들고 부엌의 온도를 맞추기 시작했다
첫 숟가락에 담긴 진심에 놀라
"박장금"이란 애칭을 선물했고
칭찬은 고래도 춤추게 한다더니
장금이는 육아도, 요리도 춤추듯 해냈다.

그러나 엄마가 돌아오자
부엌엔 다시 침묵이 흐르고
아내의 어깨에 시간이 내려 앉았다.

나는 '장금 유인 대작전'을 시작했다
"장금이의 육개장이 그립다…"
눈은 TV를 보고, 마음은 부엌을 바라보았다.

오늘도 나는 장금이의 마음에
파문 하나 일기를 기대하며 조심스레 부엌을 맴돈다
박장금표 육개장 한 그릇은
국물이 아닌 우리를 웃게 한 소박한 축제였다.

빛의 영혼

적막 속, 이름 모를 유성 하나
소리 없이 사라진다.

시촉(時觸)의 늪, 검은 등 위로
보이지 않는 빛이 마음을 스친다.

인고 속 반짝이던 잔광(殘光)들
사람 사이 맺어진 만남의 빛,
연인과 나눈 사랑의 빛,
천사의 날개 끝 머무는 희망의 빛.

이제, 모든 빛은
여울처럼 영혼에 스며들고
소박한 꿈을 감싼다.

그 빛은

힘이 되고, 용기가 되어
고요한 하루를 밝혀준다.

익숙함의 늪

같은 말, 같은 자리
어제의 대화가 오늘도 반복된다.

마주한 눈빛은 엇갈리고
숨결마저 낯설다.

웃음은 사라지고
침묵만이 우리 사이에 남는다.

햇살조차 온기를 비껴가고
하나였던 마음은 멀어지고
외로움만 조용히 앉는다.

사랑의 무대 위,
나는 웃고 있는 슬픈 삐에로.

이 미로 같은 시간 속
우리는 어디쯤에서 길을 잃었을까.

열매, 당신과 걷는 길

별빛과 바람, 우주의 숨결이
우리의 여정을 은은히 감쌉니다.

나는 이제 당신과
조용히 이 길을 걷습니다.

인고의 밤을 지나 피어난 사랑은
시간의 언덕을 넘어 단단해지고
장미빛 꿈을 싣고 달려갑니다.

돌부리에 넘어지고
불행의 웅덩이에 발이 젖더라도
당신이 있다면
촛불 하나로도 길을 걸을 수 있습니다.

우리의 사랑은 이미
마음 깊은 곳에 반짝이는 열매입니다.

그대를 위한 봄

거센 풍파도
그대는 바위처럼 견뎌내셨지요
안개 속 폭우도
등불 없이 걸어오셨고
사랑으로 때론 광인이기도 하셨지요.

침묵의 계절도 혼자 건너셨지요
하얀 눈 내리면 마음 위 눈송이를 이야기하고
로맨틱한 비엔 세상의 울음과 함께 젖었습니다.

기다려온 봄은
긴 겨울 끝 가지에 돋은 첫 잎처럼
그대 손끝에서 햇살이 되어 피어납니다.

이제 내가 그대 어깨 위에
한 송이 꽃이 되어 그대를 안고 싶습니다.

하버지 티라노

손주의 세상엔
티라노 한 마리가 모든 사랑을 거머쥔다
가족 모두 공룡이 되어야
사랑받을 자격이 생긴다.

날카로운 이빨, 무시무시한 포효,
도망칠 수 없는 공룡리그
"크앙!" 안 하면 실격이다.

나는 진화한다
더 우렁찬 목소리, 몸짓은 더 우스꽝스럽게.

거실엔 티라노 송이 울리고
상상과 사랑이 격돌하는 초원이 펼쳐진다.

오늘도 나는 웃으며

두 팔과 두 발을 번쩍 들어
"크앙!"하버지 티라노가 된다.

멈춤과 시작사이

얽힌 신호등 앞
나의 하루는 멈춘다
빨간 마음일까, 초록의 망설임일까.

마음은 아스팔트 위
맴도는 바퀴처럼 헤맨다
기대라는 여린 마음은 외로움의 교차로에서
행복이란 표지판을 찾는다.

숨죽인 바람 한 줄기
빨간신호 틈 사이 가슴을 스쳐간다
희미한 황색빛 번지면
초록빛 용기 하나 발끝을 흔든다.

멈춤과 시작 사이 흐릿한 마음은 묻는다.
이 길을 건너도 괜찮을까?
이 설렘이 사랑일까?

행복

창가에 스며든 아침 햇살 한 줌
따뜻한 커피 속 음악 한 조각이 되어 떠다닌다
그 순간 세상이 내 안으로 조용히 스민다.

주름 사이로 아내와 나는 미소를 주고받고
손주의 포근한 숨결은
한 생이 내린 고요한 대답 같다
지구 반대편 작은 눈물이
오늘의 고요를 더 깊게 한다.

석양이 골목에 걸리면
나는 하루를 한 편의 시처럼 되짚는다
비와 바람이 스친 날들
그 숨결들이 내 생의 벽난로가 되었다.

행복은 크게 웃는 날이 아니라
서로를 기억하는 조용한 따스함이었다.

아내, 나의 등불

무쇠 같던 당신이
이젠 오래된 종처럼 울리며
허공엔 기침이라는 메아리를 자주 흩뿌린다.

딸과 손주 뒷바라지에 닳아버린 몸,
삶의 비바람 속에서도
내 허기를 먼저 걱정하는 그 마음이
내 가슴을 젖게 한다.

당신이 지쳐 보일 때면
나는 서늘한 절벽 끝에 선다.

바람에 흔들리는 등불 하나,
빛은 따뜻하나 심지는 가냘퍼 떨린다.

그 빛을 두 손으로 꼭 감싸 쥔다.

그 빛이 꺼지면 내 바다는 길을 잃는다.

아이들 눈엔 강해야 하는 사람,
내 눈엔 바람 앞의 등불처럼 흔들리는 당신.

당신은 먼 바다의 등대,
폭풍 속에서도 나를 집으로 데려오는 빛
빛이 꺼지면 내 바다도 어둠에 잠긴다.

야식

골목 어귀마다 메아리처럼 번지던
"메밀묵 사려~ 찹쌀떡"
구수한 숨결이 밤을 덮었다.

깊은 밤, 그 목소리는 달콤한 초대가 아니라
허기 위에 새겨진 참고 견뎌야 하는 약속이었나.

긴 눈물비 그친 뒤 스미는 햇살처럼
가슴 한 켠을 은근히 덥혀주던 소리.

오늘 밤, 졸린 눈 사이로
치킨 향이 번지고 아이들과 마주 앉았다.

작은 상 위에 번지는 웃음,
서로의 손끝에 묻어나는 온기 속에서
그 옛날 콩 한 쪽도 나눠 먹던

사랑의 숨결이 다시 살아난다.

야식은 세월을 건너온 별빛처럼
가난과 추위를 비추어
마침내 사랑만 남긴 오래된 불씨다.

삶도 때로는 비가 온다

눈을 뜨면 몸이 무겁고
뼈마디가 운다.
날씨 탓일까,
시간의 무게일까.

아픈 건 몸만이 아니다.
마음도 눅눅해진다.

풍경은 그대로인데
달라진 건 내 안.
비가 내린다.

우산처럼 하루가 펼쳐지고
빗물 따라
그리움이 스며든다.

하늘은 말한다.
"그 또한 순리."

아픔도, 흐림도
지나는 바람일 뿐.
인생에 늘 봄만 있는 건 아니다.

비가 내려야
미움에도
새순이 돋는다.

잿빛 새벽의 속삭임

어둠 속 침묵 위로 홀로 깨어난다.
요즘, 세상이 자주 내 꿈의 문을 두드린다.

창에 부딪치는 빗줄기 소리에,
텅 빈 거실 위로 마음의 파문이 번진다.

커피 한 잔 앞에 두고
세상의 온기와 내 심장의 미열을 견준다.

심은 씨앗은 자라지 못하고,
흐린 거울 속에 비친 손만 남았다.

잃어버린 길 위,
바람결에 얽힌 조각들이 스쳐간다.

우리는 깨진 항아리를 오래 안고,

빛보다 그림자에 물든 삶을 걸었다.

이 새벽, 가슴 밑바닥에서
잃어버린 이름의 기척이 스민다.
그와 함께 전율과 침묵의 그림자도.

놓쳐버린 별 하나가
아직 내 하늘을 맴도는 걸까,
아니면 식은 재 속
숨죽인 불씨 하나
다시 피어오르려는 걸까.

이 밤도 그렇게, 창문 하나 열어
내 안의 그림자를 조용히 맞이한다.

색채로 다가오는 세상

"쥴리야, 도서관 가야지. 쉬야 했어?"
"안 했어."
"언제 했는데?"
"음… 이십 분?"

손녀 쥴리는 시간을 셀 줄 모른다
세상은 숫자가 아니라 감정의 색으로 다가온다.

엉뚱한 말은 그 아이의 언어
나는 문장의 논리를 접고 마음의 주파수를 맞춘다
수수께끼가 핀 정원, 웃음은 작은 진실이 된다.
이상한 나라에 함께 산다는 건 찬란한 은총.

기준이 아닌 시선으로 바라 본 그 하루가
내게 인생 최고의 문장이 된다.

기억은 여전히 앉아 있다

그대 눈동자에 고였던
작은 이슬은 아직도 맺혀 있습니다.

햇살은 창가를 적시고
사랑은 들꽃처럼 스쳐갔지요.

머물 줄 알았던 자리에
이제는 침묵만이 등을 돌립니다.

그대는 어디쯤
약속은 별빛처럼 희미해지고
떠남은 다름을 인정하는 일
머묾은 그 다름을 품는 일입니다.

그리움은 여전히 그날에 앉아 있고
나는 그 옆을 조용히 지나치는 연습으로
또 하루를 건넙니다.

블로그 시대의 딸에게

세상은 이제
블로그 안경을 쓰고 밥상을 읽는다
맛집은 별점으로 흥하고,
평가는 댓글에 묶인다.

딸아이가 블로그를 하겠다 한다
늦은 밤, 키보드 두드리는 소리가
은은히 종소리처럼 퍼진다.
걱정 반, 기대 반
맑은 샘물 같은 성품이니,
독자의 갈증도 시원히 채우리라.

공짜 밥 얻는 듯 마음 불편하여
딸은 푸짐한 주문으로 균형을 맞추고
점주의 한숨을 덜어내려 한다.
식사 뒤엔 커피와 빵을 챙겨

"오늘도 수고 많으셨습니다"
조용한 위로를 건넨다.

세상은 재물의 무게가 아닌,
의미의 무게로 기울어진다.
작은 마음 부딪치며
공감으로 살아가는 법,
그게 삶이고 행복인 것이다.

딸아,
너의 잔잔한 기록들이
훗날 점주들의 등에
한 줄 빛 되어, 오래도록 세상을 비추길.

3부

사랑, 그 처음의 떨림

빨간 밀어

빨간 밀어 비에 젖어 서성이더니
노래 한줄 남기고 사라졌다.

비 그치고 무지개 뜰 즈음
몸은 휘청이고 세상은 아득하다.

나는 지금 무엇을 찾아
허공을 헤매는 걸까.

불러도, 붙잡아도
그 밀어는 금보랏빛 여울에 스러진다.

두둥실 그리움 하나
그저 흘려보내면 될 텐데.

한 올, 한 올

사라지는 이 마음을
나는 어찌해야 할까.

그대라는 문 앞에서

당신의 색을 몰라
저물녘 하늘 앞에 고개 숙이고
물결 같은 마음 알지 못해
바람 따라 헤매는 연기입니다.

그대의 온기를 몰라
겨울 문턱에서 두 손을 모읍니다
말 없는 언어를 읽지 못해
눈부신 침묵 앞에 멈춥니다.

그대의 마음은 자물쇠 같은 꽃
피고 지며 떨림만 남깁니다.

그 떨림을 열쇠 삼아
그대라는 문 앞에서
오늘도 조용히 섭니다.

설레임

당신의 미소는 아침을 깨우는 햇살
눈빛은 말 없는 시(詩)처럼 가슴을 건너옵니다.

수줍은 떨림은 꽃잎처럼 겹겹이 피어나고
웃음은 바람결의 종소리 되어 내 하루를 밝힙니다.

사랑은 어느 날 불현듯 꽃바람으로 속삭였고
새들의 지저귐마저 우리 눈맞춤을 축복했죠.

아지랑이 같은 감정이 공기 속에 피어오르고
심장은 고요한 격류처럼 깊어집니다.

나는 떨리는 마음을 감춘 채 조심스레 다가서고
꽃비에 젖은 마음은 첫 숨결처럼 미세히 흔들립니다.

이 새벽, 사랑이 피려는 순간
그대도 나처럼 설레고 있나요.

손끝에서 시작된 마법

오늘,
손가락 마디마다
불꽃이 튄다.

떨림인가
유혹인가
벗어나려다
다시 휘감긴다.

심장엔
천둥 한줄기
벼락이 내리꽂히고.

숨결은 멎는다
마법이 시작된다.

그대라는 빛이 내 안에 피어날 때

처음엔 그대 눈빛 한 점에도
세상이 봄처럼 환히 열렸지.

툭, 스쳐온 말 한마디는
햇살 위를 노니는 새 같아 긴 웃음을 남겼고
손끝 머문 순간
심장은 꽃망울처럼 조용히 부풀었어.

그대 숨결은 귓가에 머문 바람 같았고
나는 그 속에서 작은 의미들을 모아
하루 종일 너를 읽었지.

그렇게 우리는
서로의 하루가 되었고
서로의 계절이 되어
한 해의 시작처럼 천천히, 깊게 물들였지.

여인의 향기

설레는 기운이
나의 정신을 부추긴다

어디서부터 시작된 것일까
날개의 끝, 깃털 하나
떨리듯 나래짓을 한다
목적지는 없다
그저 그녀의 향기 속을 떠돈다

흘러나오는 엷은 미소
가볍게 흔들리는 그 몸짓
뜨거운 열정을 토해내며
나를 감싸고, 덧없이 사라진다

사랑이었을까?
욕망이었을까?

서로의 끈은
텅 빈 껍질처럼 헐거워

상술만이 잔잔히 맴돌고

존재의 의미를 새기기 위해
우연과 필연은 뒤섞이고
나는 진격의 가면을 쓰고서
자아를 숨긴 채 웃는다

심장의 강물은 출렁이고
숨죽인 고요 속에서도
그녀는 다시
향기로 다가온다

모든 것을 녹이고
모든 경계를 무너뜨리는
그 여인의 향기

나는 아직도
그 속을
헤매고 있다

(2025년 서울문학 신인문학상 선정작)

한밤의 요술잔치

당신의 미소가
한밤의 요술처럼
고요한 축제가 되었다.

하얀 눈 내리듯
입술 사이 핀
두번째 꽃.

그 향에 취해
세상은 뒤집히고
나의 시간은
당신을 중심으로 돌기 시작했다.

사랑

사랑은
불어오는 봄바람
지저귀는 파랑새의 노래

그 안의 미움과 오해는
어디에 놓아야 조용히 가라 앉을까요.

사랑은
새초롬 피는 꽃
고요히 퍼지는 달빛 한 조각.

그 안의 고독과 미련은
어디에 두어야 가벼워질까요.

사랑은
행운의 네잎 클로버,
때로는 기다림으로 그려야 하는 마음.

노을빛 그대에게

노을 물든 산중턱
기쁨에 겨워 나는 달려갑니다
뭉게구름 속 스민 그대 얼굴
다시금 보고 싶어져서.

마음 한 켠 숨긴 꽃
언제 이슬 맺고 피어날까
구름에 얼굴 가린 채
애태우는 마음.

해 질 녘 연기처럼
그대 사라질까 두렵고
무심함에 가슴 저려도
하늘 뜻은 거스를 수 없네.

이 밤, 그대 꿈 언저리
한 송이 바람꽃 되어 스며듭니다.

사랑의 소리

그대 머물던 길
바람 한 줄기 기억 되어 스치고
계절 지나간 자리엔
사랑과 미움, 소리 없이 묻혔네.

그대는 침묵을 짊어지고 저녁놀 속으로
나는 그날 마지막 표정을 가슴에 담았네.

내 안에 스미던 색, 이제는 지워야 할 흔적
적막한 밤, 별빛에 기대어 쉬니
아무도 듣지 못할 사랑의 숨결
어디선가 천천히 내 안에 스며든다.

그것이 아마, 사랑의 소리일 테지.

침묵의 선율

말은 가슴에 머물고
몸짓만이 침묵을 연주한다.

나는 고요와 고통 사이
차가운 건반 위에 서 있다.

얼음처럼 흩어진 그녀의 말
눈빛은 말 없는 대화를 건넨다.

저릿한 새벽
떨리는 손끝으로
나는
그녀를 연주한다.

계절의 아픔

가을은 바람에 실려 온 오래된 편지
떨군 잎처럼 마음에도 적막이 내려앉았다.

바람 속 속삭임은 먼지 되어
소리 없이 흩어진다.

가을비는
이별의 잎을 적시며 기억을 감싼다.

젖은 골목 끝 잊힌 이름 하나
비에 젖어 다시 피어난다.

비야, 내 마음 골짜기 적셔
지운 꿈들까지 흘려 보내고.

가을아,
그 사람 그림자 데려가다오.

눈새

첫눈이 내리면
하얀 기억의 새들이 깨어난다.

희망 안은 잿빛 담요 아래
눈송이 속삭이며 흩날리고
우리만 아는 낡은 음률이 퍼진다.

눈발은 오래전 약속의 조각
그리움은 침묵의 꽃으로 피어나고.

말 잃은 마음들 작은 날개 달아
하얀 침묵 속 유영한다.

설움은 기억의 빛나는 날개 되어
우리는 다시 사랑의 새벽을 맞는다.

첫눈 위로
천사들의 숨결 같은 노래가 피어난다.

밤의 찬가

어둠은 조용히
도시 어깨 위에 내려앉고,

가로등은 그리움의 불을 켜며
사람들은 고요 속에 스며든다.

세상은 멈췄으나
내 마음은 달빛처럼 창을 두드린다.

나는 멈춘 시간 위
애틋한 그리움 굴리는 자전거,

모든 것이 잠든 밤
내 안의 마지막 불씨, 사랑이었다.

어둠은 붓이 되어
사랑을 조용히 그린다.

그리움의 봄

산 적막을 깨우는
새 노래, 봄을 불러내고,

진달래 언덕에
노란 웃음이 살랑인다.

나는 닿지 못한 곳에서
그리움의 숨결로 봄을 적시고

마음 깊은 골짜기엔
당신 웃음과 눈물
조용히 피어나는 봄꽃처럼 스민다.

나비의 서정

숨죽여 다가가던
고장 난 시계처럼 흔들리던 가슴.

스쳐간 미소에
하루가 그림자처럼 저물고,

한 계절 견딘 나비처럼
그대 마음 위에
조용히 앉아
그리움의 날개를 접고 싶다.

가위, 바위, 보

가위,
겹쳐진 빛 사이로 스친 그대 눈빛
말없이 마음을 자르고
피도 눈물도 없이 바람처럼 스쳐갔다.

바위,
꼭 쥔 손 안엔 남은 온기
흔들리는 계절 속 진심을 놓지 않았다
굳어가는 마음에도 사랑은 머물렀다.

보,
펼쳐진 손금 위 엎드린 꿈
너와 나, 우리의 기억
말없이 서로의 영혼을 읽었다.

삶은 질주가 아닌
넘어지지 않으려는 균형의 춤.

그대여, 바람결에 오소서

늦가을 산허리 노랗게 물들 때까지
그대 마음은 찬 이슬 속에 숨어 있었지요.

서리 내린 새벽, 소리 없이 쓰러질 즈음
그리움은 더 깊어지고 멀어졌습니다.

낙엽 틈새 바람결에서
비로소 그대라는 계절을 알아봅니다.

바람이 허공을 헤매다
가슴 언저리를 툭 치고 지나갑니다.

그대여, 이제 그 바람에 실려 오소서
붉은 속내도, 푸른 고요도 감춘 채
한 점 미소로 살며시 다가오소서.

내 마음은 지금 그대를 기다리는 낙엽 하나
가만히 떨고 있는 중이니까요.

하늘 사랑

꽃잎에 숨은 마음,
신들만이 읽을 수 있을까요.

별빛에 묻은 그리움 하나
달빛 따라 그대 가슴에 닿기를.

해의 품에 타오른 열정
손끝까지 전해질 수 있을까요.

사랑이란 말 위에
수많은 기다림이 쌓였지요.

그대 바람에 마음은 떨리고
꽃잎처럼 전해지는 마음.

오늘도 나는 하늘을 우러러
사랑을 배웁니다.

눈물의 송가

물방울의 평행선 위에
하얀 슬픔이 한 줄씩 적히고,

안개비는 속삭이며
언약의 날개를 펼친다.

나는 영혼의 송가 앞에 서서
숨죽인 순간,

그대 뺨 적신 한줄기 눈물은
사랑이 남긴
가장 순수한 환희.

깊은 눈물바다 속에서
우리는 지나간 기억이 아닌
끝나지 않을 사랑으로
고요히 머문다.

사랑, 그 시작의 울림

사랑의 규칙 따라
종소리가 셋, 마음 피어나고
시간은 날개 접어
침묵의 잔향 스며드네,

문 앞의 그녀, 혼돈 끝 품에 안기고
목마른 사슴처럼 서로를 갈망하며
하나 된 숨결로 사랑 노래 부른다.

심장은 리듬을 타고
숨결은 사랑의 멜로디,

꿈의 향연은
고요한 울림으로 퍼진다.

그 자리에 남겨진 시선

낡은 인형 하나,
그 자리에 너를 닮은 시선이 남아 있다
햇살은 눈동자 위로 천천히 내려앉고
나는 무심히 그 옆을 지나친다.

말라버린 꽃병 곁엔
희미한 기억 하나 웃는다
숨결처럼 머물고 싶다던 너
이제는 그리움이 되어 가슴을 흔든다.

잊은 줄 알았는데
노을이 스미면 다시 떠오른다
네 얼굴, 오래된 편지처럼
일렁이며 나를 부른다.

후기

첫 시집을 준비하는 일은
한 번도 걸어보지 않은 산길을 맨발로 오르는 것 같았습니다.

땀보다 먼저 흘러내린 건
한 줄 시 앞에 오래 머문 제 마음이었습니다.

오랜 감성을 되살려
바스락이는 시간 속을 거슬러 걷는 일은
생각보다 고되었고 때로는 눈시울을 적셨습니다.

자판 앞에 앉으면 눈앞이 금세 흐려졌고
그 안에서 오래된 나와 지금의 내가 마주했습니다.

시는 멈춘 말의 뒤에서 말을 걸었고
잊은 줄 알았던 얼굴과 목소리는 시보다 길게 스쳐갔습니다.

시를 쓰며 나를 다시 쓰고
쉼표와 물음표로 문장들이 완성되었습니다.

도망치고 싶던 날도 있었지만
그래서 더 애틋했고 그래서 시가 되었습니다.

이 시집은
나를 위한 편지이자 당신을 위한 조용한 노래입니다.

늦게 피어도 꽃은 꽃이고
느리게 흘러도 강물은 결국 바다에 닿습니다.

이 책이 당신 마음에도
조용히 스며들기를 바랍니다.